Island Intrigues: Bilingual Spanish-English Short Stories

Coledown Bilingual Books

Published by Coledown Bilingual Books, 2023.

ISLAND INTRIGUES: BILINGUAL SPANISH-ENGLISH SHORT STORIES

First edition. August 17, 2023.

Copyright © 2023 Coledown Bilingual Books.

ISBN: 979-8223852544

Written by Coledown Bilingual Books.

Table of Contents

Sombras en la Puesta de Sol 1

Shadows at Sunset 3

El Enigma de la Cala Escondida 5

The Enigma of the Hidden Cove 7

Intriga en las Murallas de Dalt Vila 9

Intrigue in the Walls of Dalt Vila 11

Silencio en la Playa Blanca 13

Silence on White Beach 15

Ecos del Pasado en Sa Caleta 17

Echoes of the Past in Sa Caleta 19

La Sombra del Faro 21

The Shadow of the Lighthouse 23

Música Mortal en la Noche de Ibiza 25

Deadly Music in Ibiza's Night 27

Enigma en las Cuevas Esmeralda 29

Enigma in the Emerald Caves 31

Huellas en la Arena 33

Footprints in the Sand 35

El Reflejo de la Luna 37

The Moon's Reflection 39

Sombras en el Acantilado 41

Shadows on the Cliff 43

La Sombra del Faro 45

The Shadow of the Lighthouse 47

El Enigma del Collar de Coral 49

The Enigma of the Coral Necklace 51

El Enigma de la Noche de los Tambores 53

The Enigma of the Night of Drums 56

Sombras en la Puesta de Sol

La brisa cálida del Mediterráneo acariciaba suavemente las calles empedradas de Ibiza mientras el sol comenzaba a descender en el horizonte, tiñendo el cielo de tonos rosados y naranjas. En medio de este paraíso isleño, un misterio estaba a punto de desvelarse.

La tranquila vida de la pintoresca villa se vio sacudida cuando el famoso DJ Mario Vega apareció muerto en su lujosa villa en la colina. La noticia se propagó rápidamente por la isla, dejando a todos perplejos y sorprendidos. ¿Cómo podría alguien asesinar a una de las personalidades más queridas de Ibiza?

La inspectora Martina Morales, una mujer inteligente y observadora con un amor por los sombreros de ala ancha, se encontró a sí misma liderando la investigación. Con la ayuda de su fiel asistente, Antonio, comenzaron a escarbar en la vida del DJ en busca de pistas. Martina sabía que detrás de las luces brillantes y la música vibrante, se escondían secretos oscuros.

Mientras exploraban las conexiones de Mario Vega, Martina descubrió una red de rivalidades entre DJs, disputas de negocios y romances prohibidos que podrían haber motivado el asesinato. Cada entrevista llevaba a un laberinto de engaños y mentiras, pero Martina estaba decidida a llegar al fondo de la verdad.

La noche mágica de Ibiza, con sus fiestas interminables y lugares ocultos, se convirtió en un telón de fondo perfecto para el misterio que se desenvolvía. Martina y Antonio siguieron pistas que los llevaron desde las playas de arena blanca hasta los oscuros callejones de la ciudad antigua. Cada puesta de sol revelaba nuevos detalles y revelaciones sorprendentes.

Conforme la historia avanzaba, Martina se encontró enredada en una trama más intrincada de lo que hubiera imaginado. Sospechas recaían sobre personas que menos esperaba, y los secretos salían a la luz uno tras otro. La tensión aumentaba mientras la verdad se acercaba, y el asesino se volvía más desesperado por mantener su oscuro secreto enterrado.

Finalmente, después de un enfrentamiento tenso en una fiesta de alto perfil, Martina desenmascaró al asesino frente a un público sorprendido. Resultó ser alguien que nunca hubiera esperado: la mejor amiga de Mario Vega, celosa de su éxito y desesperada por robar su fama.

Con el caso resuelto, Ibiza volvió a su estado de calma paradisíaca. Martina Morales se quedó mirando el horizonte mientras el sol se sumergía en el mar, sabiendo que incluso en el paraíso más brillante, las sombras podían esconderse en cualquier rincón.

Shadows at Sunset

The warm breeze of the Mediterranean gently caressed the cobbled streets of Ibiza as the sun began to descend on the horizon, painting the sky with shades of pink and orange. In the midst of this island paradise, a mystery was about to unravel.

The tranquil life of the picturesque village was shaken when the famous DJ Mario Vega was found dead in his luxurious hilltop villa. The news spread quickly across the island, leaving everyone perplexed and astonished. How could someone murder one of Ibiza's most beloved personalities?

Inspector Martina Morales, an intelligent and observant woman with a fondness for wide-brimmed hats, found herself leading the investigation. With the help of her loyal assistant, Antonio, they began to delve into the DJ's life in search of clues. Martina knew that behind the bright lights and vibrant music, dark secrets were lurking.

As they explored Mario Vega's connections, Martina uncovered a web of rivalries between DJs, business disputes, and forbidden romances that could have motivated the murder. Each interview led to a labyrinth of deceit and lies, but Martina was determined to get to the bottom of the truth.

Ibiza's magical nights, with its endless parties and hidden spots, became a perfect backdrop for the unfolding mystery. Martina and Antonio followed leads that took them from the white sand beaches to the dark alleyways of the old town. Each sunset revealed new details and surprising revelations.

As the story progressed, Martina found herself entangled in a more intricate plot than she could have imagined. Suspicions fell on people she least expected, and secrets came to light one after another. Tension mounted as the truth drew near, and the killer grew more desperate to keep their dark secret buried.

Finally, after a tense confrontation at a high-profile party, Martina unmasked the killer in front of a stunned audience. It turned out to be someone she never would have expected: Mario Vega's best friend, jealous of his success and desperate to steal his fame.

With the case solved, Ibiza returned to its state of paradisiacal calm. Martina Morales gazed at the horizon as the sun dipped into the sea, knowing that even in the brightest paradise, shadows could hide in every corner.

El Enigma de la Cala Escondida

Los rayos dorados del sol de Ibiza bañaban la costa mientras las olas besaban la arena blanca de la playa. En este rincón de paraíso, la inspectora Martina Morales se encontraba de vacaciones, disfrutando de un merecido descanso después de resolver el caso del DJ Mario Vega. Sin embargo, el destino tenía otros planes para ella.

Mientras paseaba por la tranquila playa de Cala Escondida, Martina tropezó con algo que sobresalía de la arena. Al inclinarse para examinarlo, descubrió un amuleto antiguo, cuidadosamente tallado y envuelto en misterio. El amuleto la intrigó de inmediato, y su instinto de detective se despertó una vez más.

Martina se sumergió en una investigación no oficial, siguiendo las pistas del amuleto. A medida que exploraba la isla en busca de respuestas, descubrió que el amuleto estaba vinculado a una leyenda local: la leyenda de los amantes perdidos de Ibiza. Se decía que el amuleto tenía el poder de unir a las almas gemelas, pero también estaba asociado con desapariciones inexplicables a lo largo de los años.

Con su astucia y determinación características, Martina comenzó a entrevistar a lugareños y a desentrañar la historia detrás de los amantes perdidos. Descubrió que muchas parejas habían desaparecido en circunstancias misteriosas después de entrar en posesión del amuleto. La gente en la isla hablaba en susurros de presencias fantasmales en la playa y sombras que parecían moverse por la noche.

A medida que profundizaba en la leyenda, Martina comenzó a sentir que algo la observaba en la oscuridad. La línea entre la realidad y el mito comenzó a difuminarse, y la inspectora se vio atrapada en una red de enigmas y peligros. Sin embargo, su determinación no flaqueó, y siguió adelante, decidida a resolver el misterio de la Cala Escondida.

Con cada puesta de sol, la tensión aumentaba. Martina descubrió que el amuleto estaba en el centro de una trama mucho más compleja de lo que había imaginado. En una noche estrellada, cerca de la costa, finalmente desentrañó la verdad: el amuleto no solo unía almas gemelas, sino que también era utilizado en un elaborado plan de estafas y secuestros.

Con el enigma resuelto, Martina Morales demostró una vez más su habilidad como detective. La calma volvió a la isla mientras las olas seguían besando la arena de Cala Escondida. Martina miró al horizonte, sabiendo que incluso en sus momentos de descanso, el misterio podía estar a la vuelta de la esquina, listo para despertar su ingenio una vez más.

The Enigma of the Hidden Cove

The golden rays of the Ibiza sun bathed the coastline as the waves kissed the white sand of the beach. In this corner of paradise, Inspector Martina Morales was on vacation, enjoying a well-deserved break after solving the case of DJ Mario Vega. However, destiny had other plans for her.

While strolling along the tranquil beach of Hidden Cove, Martina stumbled upon something protruding from the sand. Bending down to examine it, she discovered an ancient amulet, intricately carved and wrapped in mystery. The amulet intrigued her immediately, and her detective instincts awakened once again.

Martina delved into an unofficial investigation, following the clues of the amulet. As she explored the island in search of answers, she discovered that the amulet was linked to a local legend: the legend of the Lost Lovers of Ibiza. It was said that the amulet had the power to unite soulmates, but it was also associated with inexplicable disappearances over the years.

With her characteristic wit and determination, Martina began interviewing locals and unraveling the story behind the lost lovers. She found that many couples had vanished under mysterious circumstances after coming into possession of the amulet. People on the island spoke in hushed tones of ghostly presences on the beach and shadows that seemed to move at night.

As she delved deeper into the legend, Martina began to feel that something was watching her in the darkness. The line between reality and myth began to blur, and the inspector found herself entangled in a web of puzzles and dangers. However, her determination did not waver, and she pressed on, determined to solve the mystery of the Hidden Cove.

With each sunset, the tension grew. Martina discovered that the amulet was at the center of a much more intricate plot than she had imagined. On a starlit night near the coastline, she finally unraveled the truth: the amulet not only united soulmates but was also used in an elaborate scheme of scams and kidnappings.

With the enigma solved, Martina Morales once again demonstrated her detective skills. Calm returned to the island as the waves continued to kiss the sand of Hidden Cove. Martina looked out to the horizon, knowing that even in her moments of rest, mystery could be just around the corner, ready to awaken her ingenuity once more.

Intriga en las Murallas de Dalt Vila

Las murallas de Dalt Vila, la antigua ciudad amurallada de Ibiza, resplandecían bajo el cálido sol de la mañana. Entre las callejuelas empedradas y los edificios históricos, la inspectora Martina Morales se adentraba en un nuevo misterio que pondría a prueba su sagacidad y determinación.

Un robo había ocurrido en el museo local, donde una joya ancestral de incalculable valor había desaparecido. El "Corazón de Ibiza", como se le conocía, era una piedra preciosa legendaria que se decía estaba imbuida de poderes místicos y que había sido protegida por generaciones en la isla.

Martina Morales, con su instinto infalible, comenzó a investigar el caso. Con la ayuda de su leal asistente, Antonio, recorrió los callejones adoquinados en busca de pistas. Pronto se dio cuenta de que el robo estaba conectado con una serie de eventos misteriosos que habían ocurrido en los días previos, incluyendo avistamientos de sombras sospechosas merodeando por Dalt Vila.

A medida que profundizaba en el caso, Martina descubrió una red de intrigas y secretos que rodeaban al "Corazón de Ibiza". Había leyendas de antiguas sociedades secretas que buscaban obtener el poder de la joya, así como de codiciosos coleccionistas dispuestos a pagar una fortuna por ella en el mercado negro.

Martina se sumergió en un juego de gato y ratón con los sospechosos, mientras recorría los lugares más icónicos de la isla en su búsqueda de la joya robada. Dalt Vila se convirtió en un escenario vibrante de encuentros clandestinos y pistas ocultas, mientras Martina se enfrentaba a desafíos cada vez más peligrosos.

Con la ayuda de su intuición y su habilidad para descifrar enigmas, Martina finalmente logró rastrear la joya hasta una antigua mansión en las afueras de la ciudad. Allí, en una confrontación épica, desenmascaró al cerebro detrás del robo y recuperó el "Corazón de Ibiza". El ladrón resultó ser un arqueólogo obsesionado por el poder de la joya y dispuesto a cualquier cosa para poseerla.

Con el misterio resuelto y la joya devuelta a su lugar en el museo, Martina Morales demostró una vez más que ninguna intriga podía resistirse a su perspicacia. Mientras el sol se ponía sobre las murallas de Dalt Vila, la inspectora sabía que, en cada rincón histórico de Ibiza, podía surgir una nueva historia de misterio y aventura.

Intrigue in the Walls of Dalt Vila

The walls of Dalt Vila, the ancient walled city of Ibiza, shone under the warm morning sun. Amidst the cobblestone streets and historic buildings, Inspector Martina Morales delved into a new mystery that would test her sagacity and determination.

A theft had occurred at the local museum, where an ancient jewel of incalculable value had disappeared. The "Heart of Ibiza," as it was known, was a legendary gem said to be imbued with mystical powers and had been protected for generations on the island.

Martina Morales, with her unwavering instinct, began to investigate the case. With the help of her loyal assistant, Antonio, she traversed the cobblestone alleyways in search of clues. She soon realized that the theft was connected to a series of mysterious events that had occurred in the days prior, including sightings of suspicious shadows lurking around Dalt Vila.

As she delved deeper into the case, Martina uncovered a web of intrigues and secrets surrounding the "Heart of Ibiza." There were legends of ancient secret societies seeking to harness the power of the jewel, as well as greedy collectors willing to pay a fortune for it on the black market.

Martina immersed herself in a cat-and-mouse game with the suspects, as she explored the island's most iconic locations in her search for the stolen jewel. Dalt Vila became a vibrant backdrop of clandestine meetings and hidden clues, as Martina faced increasingly dangerous challenges.

With the help of her intuition and her knack for solving puzzles, Martina finally managed to trace the jewel to an old mansion on the outskirts of the city. There, in an epic confrontation, she unmasked the mastermind behind the theft and reclaimed the "Heart of Ibiza." The thief turned out to be an archaeologist obsessed with the power of the jewel and willing to do anything to possess it.

With the mystery solved and the jewel returned to its place in the museum, Martina Morales once again proved that no intrigue could withstand her insight. As the sun set over the walls of Dalt Vila, the inspector knew that in every historical corner of Ibiza, a new story of mystery and adventure could emerge.

Silencio en la Playa Blanca

La Playa Blanca de Ibiza se extendía ante Martina Morales como un lienzo de arena dorada y aguas cristalinas. Las olas suaves acariciaban la orilla mientras la inspectora disfrutaba de un raro descanso en este rincón paradisíaco. Sin embargo, la tranquilidad pronto se vería interrumpida por un enigma inesperado.

Una mañana, mientras paseaba por la playa, Martina encontró un collar de perlas abandonado en la arena. La joya era hermosa pero algo en ella la hizo sentir incómoda, como si escondiera un secreto. Su intuición la guió hacia una nueva investigación.

Martina pronto descubrió que el collar pertenecía a Gabriela Sánchez, una famosa cantante que había llegado a Ibiza para grabar su próximo álbum. Sin embargo, Gabriela había desaparecido misteriosamente días antes y su presencia en la isla era un secreto cuidadosamente guardado.

A medida que Martina exploraba el círculo cercano de la cantante, desenterró rivalidades y conflictos ocultos. Había celos entre otros músicos y tensiones en el equipo de producción. Poco a poco, un cuadro complejo de relaciones emergió, y Martina supo que tenía que descubrir la verdad detrás de la desaparición de Gabriela.

La investigación llevó a Martina a sumergirse en el mundo de la música y el entretenimiento, mientras seguía las pistas desde estudios de grabación clandestinos hasta clubes nocturnos de renombre. En el camino, conoció a personajes extravagantes y sospechosos que añadieron capas de intriga al caso.

A medida que se acercaba al corazón del misterio, Martina descubrió que el collar de perlas estaba conectado a un antiguo mito local sobre una sirenita que otorgaba deseos a cambio de sacrificio. Parecía que alguien había tomado el mito demasiado en serio y estaba dispuesto a hacer cualquier cosa para obtener lo que deseaba.

Con valentía y determinación, Martina finalmente desentrañó el enigma. Descubrió que Gabriela había sido secuestrada por un fanático obsesionado con el mito de la sirenita, quien creía que ofrecerla como sacrificio le concedería un deseo. Martina logró liberar a Gabriela y capturar al secuestrador, poniendo fin a la pesadilla.

Mientras el sol se ponía en la Playa Blanca, Martina Morales reflexionó sobre cómo incluso en el paraíso, los oscuros deseos podían convertirse en pesadillas. Sabía que su habilidad para descubrir la verdad era una luz en la oscuridad, incluso en los lugares más idílicos y apacibles.

Silence on White Beach

The White Beach of Ibiza stretched out before Martina Morales like a canvas of golden sand and crystal-clear waters. Gentle waves lapped at the shore as the inspector enjoyed a rare respite in this paradise corner. However, the tranquility would soon be interrupted by an unexpected enigma.

One morning, while strolling along the beach, Martina found an abandoned pearl necklace in the sand. The jewel was beautiful, but something about it made her uneasy, as if it held a secret. Her intuition guided her towards a new investigation.

Martina soon discovered that the necklace belonged to Gabriela Sánchez, a famous singer who had come to Ibiza to record her upcoming album. However, Gabriela had mysteriously disappeared days before, and her presence on the island was a carefully guarded secret.

As Martina delved into the singer's inner circle, she unearthed rivalries and hidden conflicts. There were jealousies among fellow musicians and tensions within the production team. Slowly, a complex web of relationships emerged, and Martina knew she had to uncover the truth behind Gabriela's disappearance.

The investigation led Martina to immerse herself in the world of music and entertainment, as she followed leads from hidden recording studios to renowned nightclubs. Along the way, she encountered eccentric and suspicious characters that added layers of intrigue to the case.

As she neared the heart of the mystery, Martina discovered that the pearl necklace was connected to an ancient local myth about a mermaid who granted wishes in exchange for sacrifice. It seemed that someone had taken the myth too seriously and was willing to do anything to get what they desired.

With courage and determination, Martina finally unraveled the enigma. She found that Gabriela had been kidnapped by a fanatic obsessed with the mermaid myth, who believed that offering her as a sacrifice would grant a wish. Martina managed to free Gabriela and capture the kidnapper, putting an end to the nightmare.

As the sun set on White Beach, Martina Morales reflected on how even in paradise, dark desires could turn into nightmares. She knew that her ability to uncover the truth was a light in the darkness, even in the most idyllic and peaceful places.

Ecos del Pasado en Sa Caleta

El viento susurraba secretos antiguos mientras Martina Morales caminaba por los acantilados de Sa Caleta en Ibiza. Las olas golpeaban suavemente la costa rocosa, creando una melodía relajante que contrastaba con la intriga que estaba a punto de desvelarse.

Un mensaje en una botella encallada en la playa llamó la atención de Martina. El mensaje estaba escrito décadas atrás y hablaba de un tesoro escondido en algún lugar de la isla. Intrigada por la posibilidad de resolver un misterio olvidado, Martina se embarcó en una búsqueda que la llevaría a través del tiempo y el espacio.

A medida que exploraba las pistas del mensaje, Martina descubrió que estaba conectado a una leyenda local de piratas que habían saqueado la isla siglos atrás. Según la leyenda, habían dejado un tesoro oculto en algún lugar de Sa Caleta antes de desaparecer en el mar.

Martina rastreó mapas antiguos y consultó registros históricos en su búsqueda del tesoro perdido. En el camino, conoció a los descendientes de antiguos pescadores que habían oído las historias de generación en generación. Algunos creían en la leyenda del tesoro, mientras que otros pensaban que era solo una fábula para asustar a los niños.

Con su tenacidad y habilidades deductivas, Martina se adentró en las grutas y cuevas de los acantilados de Sa Caleta. Cada recoveco parecía susurrar ecos del pasado, y la sensación de que estaba siguiendo los pasos de los antiguos piratas se hizo más intensa. Poco a poco, comenzó a desentrañar los secretos que habían permanecido ocultos durante siglos.

Después de un arduo trabajo de investigación y exploración, Martina finalmente descubrió una caverna secreta que guardaba el tesoro perdido de los piratas. En su interior, encontró monedas de oro, gemas preciosas y artefactos antiguos. Pero lo más valioso de todo era la historia que había desenterrado y la conexión con el pasado de la isla.

Al regresar a la costa, Martina observó el océano y reflexionó sobre cómo incluso los secretos más profundos pueden emerger con el tiempo. Sa Caleta ahora resonaba con su propia historia, y Martina sabía que había preservado el legado de los antiguos piratas y su misterioso tesoro en las páginas de la historia moderna de Ibiza.

Echoes of the Past in Sa Caleta

The wind whispered ancient secrets as Martina Morales walked along the cliffs of Sa Caleta in Ibiza. The waves gently hit the rocky coast, creating a soothing melody that contrasted with the intrigue about to unfold.

A message in a bottle washed up on the beach caught Martina's attention. The message had been written decades ago and spoke of a hidden treasure somewhere on the island. Intrigued by the possibility of solving a forgotten mystery, Martina embarked on a quest that would take her through time and space.

As she explored the clues in the message, Martina discovered that it was connected to a local legend of pirates who had plundered the island centuries ago. According to the legend, they had left a hidden treasure somewhere in Sa Caleta before disappearing into the sea.

Martina traced ancient maps and consulted historical records in her search for the lost treasure. Along the way, she met descendants of ancient fishermen who had heard the stories from generation to generation. Some believed in the treasure legend, while others thought it was just a fable to scare children.

With her tenacity and deductive skills, Martina ventured into the caves and grottos of the Sa Caleta cliffs. Each nook seemed to whisper echoes of the past, and the feeling that she was following in the footsteps of ancient pirates grew stronger. Slowly, she began to unravel secrets that had remained hidden for centuries.

After thorough research and exploration, Martina finally discovered a secret cavern that held the lost treasure of the pirates. Inside, she found gold coins, precious gems, and ancient artifacts. But most valuable of all was the story she had unearthed and the connection to the island's past.

Returning to the coast, Martina gazed at the ocean and reflected on how even the deepest secrets can surface over time. Sa Caleta now resonated with its own history, and Martina knew she had preserved the legacy of the ancient pirates and their mysterious treasure in the pages of Ibiza's modern history.

La Sombra del Faro

El faro solitario de Ibiza proyectaba su luz intermitente sobre el mar oscuro, marcando el horizonte con destellos de esperanza en medio de la noche. Para la inspectora Martina Morales, ese faro siempre había sido un recordatorio de que incluso en la oscuridad más profunda, la verdad podía ser revelada.

Una llamada de auxilio desde una villa cerca del faro interrumpió las vacaciones de Martina. Un incendio había devastado la casa, y entre los escombros, se encontró el cuerpo de un hombre, víctima de un incendio que parecía sospechoso. Martina sabía que no podía ignorar su instinto de detective, incluso durante su tiempo libre.

La víctima resultó ser Lucas Martínez, un fotógrafo conocido en la isla por capturar la esencia única de Ibiza en sus imágenes. A medida que Martina examinaba la escena del crimen, descubrió que las llamas no eran el único misterio que rodeaba a Lucas. Había desapariciones inexplicables en sus fotografías que no podían ser explicadas por medios convencionales.

Decidida a resolver el caso, Martina se adentró en el mundo de la fotografía de Lucas. Con la ayuda de su equipo, estudió meticulosamente cada imagen, buscando pistas ocultas. Pronto, comenzó a notar patrones y elementos extraños que se repetían en las fotos, creando un enigma aún más profundo.

A medida que exploraba las relaciones de Lucas, Martina descubrió rivalidades y secretos envidiables en el mundo de la fotografía de la isla. Un colega había estado plagando a Lucas con amenazas y acusaciones. Sin embargo, Martina sabía que los secretos eran como sombras, a veces más largas y complejas de lo que parecían.

En su búsqueda de respuestas, Martina se encontró con un antiguo libro sobre leyendas locales. Una historia sobre un pacto con los espíritus del faro capturó su atención. Según la leyenda, el faro otorgaba poderes a cambio de un sacrificio, un tema que resonaba con las fotografías misteriosas de Lucas.

A medida que las piezas del rompecabezas se ensamblaban, Martina se dio cuenta de que el incendio y las fotografías estaban conectados. Desenmascaró la verdad detrás de la rivalidad y los secretos, revelando que alguien había utilizado el pacto con los espíritus del faro para llevar a cabo un acto atroz.

Mientras el faro seguía brillando en la noche, Martina Morales resolvió el misterio y restableció la justicia. Sabía que, al igual que el faro, ella era una guía para iluminar los rincones más oscuros y descubrir la verdad, incluso cuando las sombras parecían inquebrantables.

The Shadow of the Lighthouse

The solitary lighthouse of Ibiza projected its intermittent light over the dark sea, marking the horizon with flashes of hope in the midst of the night. For Inspector Martina Morales, that lighthouse had always been a reminder that even in the deepest darkness, the truth could be unveiled.

A distress call from a villa near the lighthouse interrupted Martina's vacation. A fire had devastated the house, and among the debris, the body of a man was found, a victim of a fire that seemed suspicious. Martina knew she couldn't ignore her detective instinct, even during her leisure time.

The victim turned out to be Lucas Martínez, a photographer known on the island for capturing the unique essence of Ibiza in his images. As Martina examined the crime scene, she discovered that the flames weren't the only mystery surrounding Lucas. There were inexplicable disappearances in his photographs that couldn't be explained by conventional means.

Determined to solve the case, Martina delved into Lucas's world of photography. With the help of her team, she meticulously studied each image, searching for hidden clues. Soon, she began to notice patterns and strange elements that recurred in the photos, creating an even deeper enigma.

As she explored Lucas's relationships, Martina uncovered rivalries and enviable secrets in the island's photography world.

A colleague had been plaguing Lucas with threats and accusations. However, Martina knew that secrets were like shadows, sometimes longer and more complex than they appeared.

In her quest for answers, Martina stumbled upon an old book about local legends. A story about a pact with the spirits of the lighthouse caught her attention. According to the legend, the lighthouse granted powers in exchange for a sacrifice, a theme that resonated with Lucas's mysterious photographs.

As the pieces of the puzzle fell into place, Martina realized that the fire and the photographs were connected. She unmasked the truth behind the rivalry and the secrets, revealing that someone had used the pact with the spirits of the lighthouse to carry out an atrocious act.

As the lighthouse continued to shine in the night, Martina Morales solved the mystery and restored justice. She knew that, just like the lighthouse, she was a guide to illuminate the darkest corners and uncover the truth, even when the shadows seemed unbreakable.

Música Mortal en la Noche de Ibiza

La vibrante vida nocturna de Ibiza estaba en pleno apogeo cuando la inspectora Martina Morales decidió tomarse un merecido descanso en uno de los icónicos clubes de la isla. Las luces brillantes, la música atronadora y la energía electrizante eran un cambio refrescante de su rutina de trabajo. Sin embargo, la diversión se convirtió en una pesadilla cuando un famoso DJ fue encontrado muerto en el escenario.

La víctima, Diego "Echo" Fernández, había sido uno de los nombres más reconocidos en la escena de la música electrónica de Ibiza. Su muerte envolvió la isla en conmoción y tristeza, y Martina se encontró una vez más en el centro de un misterio que desafiaría su ingenio.

Pronto, Martina descubrió que Diego había estado trabajando en una nueva canción antes de su muerte, una canción que según rumores, tenía el poder de influir en las emociones de las personas de manera inquietante. Mientras exploraba el mundo musical de Diego, Martina se encontró con una red de envidias y rivalidades entre DJs, así como con fanáticos obsesionados que creían en el misterio detrás de la canción.

La inspectora y su leal asistente, Antonio, se adentraron en el submundo de la música electrónica de Ibiza, siguiendo pistas que los llevaron desde los escenarios de los clubes más populares hasta estudios de grabación secretos. Cada pista los acercaba a la verdad, pero también los exponía a peligros ocultos bajo el brillo de las luces de la noche.

Con cada descubrimiento, el misterio se volvía más profundo y oscuro. Martina desenterró conexiones entre la canción de Diego y leyendas antiguas que hablaban de música con poderes sobrenaturales. La línea entre la realidad y la fantasía se volvía borrosa mientras Martina luchaba por separar la verdad de la ficción.

Finalmente, después de una intensa búsqueda y enfrentamientos en la oscuridad de la noche, Martina reveló que la muerte de Diego estaba relacionada con una conspiración para usar su música como arma. Un fanático desequilibrado había estado manipulando la canción para influir en la mente de las personas y llevar a cabo actos mortales.

Con la verdad expuesta y la justicia restaurada, Ibiza volvió a su ritmo frenético. Mientras Martina observaba las luces de la noche en la isla, supo que incluso en el corazón de la fiesta más vibrante, los secretos más oscuros podían esconderse, esperando ser revelados por su aguda intuición.

Deadly Music in Ibiza's Night

Ibiza's vibrant nightlife was in full swing when Inspector Martina Morales decided to take a well-deserved break at one of the island's iconic clubs. The bright lights, booming music, and electrifying energy were a refreshing change from her work routine. However, the fun turned into a nightmare when a famous DJ was found dead on the stage.

The victim, Diego "Echo" Fernández, had been one of the most renowned names in Ibiza's electronic music scene. His death sent shockwaves across the island, and Martina found herself once again at the center of a mystery that would challenge her wit.

Soon, Martina discovered that Diego had been working on a new song before his death, a song that rumors claimed had the power to influence people's emotions in a haunting way. As she delved into Diego's musical world, Martina encountered a web of envy and rivalries among DJs, as well as obsessed fans who believed in the mystery behind the song.

The inspector and her loyal assistant, Antonio, delved into the underworld of Ibiza's electronic music, following clues that led them from the stages of the most popular clubs to secret recording studios. Each lead brought them closer to the truth but also exposed them to dangers hidden beneath the nighttime lights.

With each discovery, the mystery grew deeper and darker. Martina unearthed connections between Diego's song and ancient legends that spoke of music with supernatural powers. The line between reality and fantasy blurred as Martina struggled to separate truth from fiction.

Finally, after an intense search and confrontations in the darkness of the night, Martina revealed that Diego's death was linked to a conspiracy to use his music as a weapon. An unbalanced fanatic had been manipulating the song to influence people's minds and carry out deadly acts.

With the truth exposed and justice restored, Ibiza returned to its frenetic pace. As Martina gazed at the island's nighttime lights, she knew that even in the heart of the liveliest party, the darkest secrets could hide, waiting to be unveiled by her sharp intuition.

Enigma en las Cuevas Esmeralda

Las cuevas esmeralda de Ibiza eran un tesoro natural, escondido y enigmático. Su interior brillaba con un resplandor verdoso, creando un paisaje mágico que atraía a visitantes de todo el mundo. Pero detrás de la belleza yace un misterio que solo la inspectora Martina Morales podría desentrañar.

Una tarde soleada, mientras Martina exploraba las cuevas con un grupo de turistas, descubrieron algo inusual: un antiguo mapa que parecía indicar un camino secreto dentro de las cuevas. Intrigada, Martina decidió seguir las pistas del mapa, que la llevaron a rincones oscuros y pasadizos olvidados.

A medida que avanzaba por los pasajes ocultos, Martina descubrió evidencias de que alguien había estado en las cuevas recientemente, a pesar de que se suponía que estaban cerradas al público. Siguiendo las pistas, finalmente encontró una cámara secreta que parecía haber sido utilizada como escondite.

Dentro de la cámara, Martina encontró reliquias antiguas y artefactos valiosos. Esto la llevó a una investigación más profunda sobre la historia de las cuevas y su relación con tesoros perdidos y leyendas locales. Poco a poco, se dio cuenta de que las cuevas esmeralda habían sido un refugio para piratas y contrabandistas en el pasado.

Mientras seguía el rastro de la historia, Martina descubrió una serie de robos recientes en museos de arte y antigüedades en la isla. Se dio cuenta de que alguien estaba reuniendo una colección de tesoros antiguos, y su búsqueda la llevó a sospechosos inesperados en los círculos más exclusivos de la sociedad de Ibiza.

Con su ingenio y determinación, Martina descubrió que los robos estaban conectados con una organización secreta que operaba en la sombra, buscando reunir artefactos antiguos con fines desconocidos. Mientras se acercaba a la verdad, se encontró en una carrera contrarreloj para detener a los criminales antes de que pudieran escapar con su botín.

La noche en las cuevas esmeralda se volvió tensa cuando Martina enfrentó a los miembros de la organización en una confrontación final. Después de una lucha intensa, logró derrotarlos y asegurar los artefactos robados. Con la justicia restaurada, Martina Morales demostró una vez más su habilidad para resolver los misterios más intrincados, incluso en los lugares más sorprendentes de Ibiza.

Enigma in the Emerald Caves

Ibiza's emerald caves were a hidden and enigmatic natural treasure. Their interior glowed with a greenish light, creating a magical landscape that attracted visitors from around the world. But behind the beauty lay a mystery that only Inspector Martina Morales could unravel.

On a sunny afternoon, as Martina explored the caves with a group of tourists, they discovered something unusual: an ancient map that seemed to indicate a secret path within the caves. Intrigued, Martina decided to follow the map's clues, which led her to dark corners and forgotten passages.

As she ventured through the hidden passages, Martina discovered evidence that someone had been in the caves recently, despite them being closed to the public. Following the clues, she eventually found a secret chamber that appeared to have been used as a hideout.

Inside the chamber, Martina found ancient relics and valuable artifacts. This led her to a deeper investigation into the history of the caves and their connection to lost treasures and local legends. Gradually, she realized that the emerald caves had served as a refuge for pirates and smugglers in the past.

While tracing the threads of history, Martina uncovered a series of recent robberies at art and antique museums on the island. She realized that someone was assembling a collection of ancient treasures, and her pursuit led her to unexpected suspects in Ibiza's most exclusive circles.

With her wit and determination, Martina discovered that the thefts were connected to a secretive organization operating in the shadows, seeking to gather ancient artifacts for unknown purposes. As she drew closer to the truth, she found herself in a race against time to stop the criminals before they could escape with their loot.

The night in the emerald caves grew tense as Martina confronted the organization's members in a final showdown. After an intense struggle, she managed to defeat them and secure the stolen artifacts. With justice restored, Martina Morales once again showcased her ability to solve the most intricate mysteries, even in the most surprising places of Ibiza.

Huellas en la Arena

La brisa marina acariciaba suavemente la costa de Ibiza mientras la inspectora Martina Morales caminaba por la playa al amanecer. La arena dorada brillaba bajo la luz tenue del sol naciente, y Martina sabía que esta tranquila belleza ocultaba historias y secretos esperando ser descubiertos.

Una mañana, Martina encontró un reloj abandonado en la orilla. Pero no era un reloj común; tenía grabada la inscripción "Para mi amor eterno". Martina supo que detrás de ese reloj yacía una historia profunda y conmovedora. Decidió investigar y averiguar quiénes eran los dueños del reloj y qué había sucedido.

A medida que seguía las pistas, Martina se adentró en la historia de un amor perdido en el tiempo. El reloj pertenecía a Ana y Juan, una pareja que había visitado Ibiza hace décadas y que había dejado sus huellas en la isla y en sus corazones. Sin embargo, habían desaparecido en circunstancias misteriosas y nunca se supo qué les había sucedido.

Martina se sumergió en archivos antiguos y entrevistó a personas que habían conocido a Ana y Juan en aquel entonces. Poco a poco, desenterró una serie de eventos que revelaron que la desaparición de la pareja estaba relacionada con una trama de espionaje durante la Guerra Fría. Ana y Juan habían estado involucrados en actividades secretas que los habían puesto en peligro.

A medida que profundizaba en el pasado, Martina descubrió que la sombra de los agentes secretos seguía persiguiendo a aquellos que habían estado relacionados con Ana y Juan. La inspectora se encontró en medio de una red de conspiraciones y engaños, donde nadie era lo que parecía.

Con determinación, Martina desentrañó la verdad detrás de la desaparición de Ana y Juan, revelando la trama de espionaje y los sacrificios que habían hecho por una causa mayor. Encontró pruebas que demostraban que habían sido asesinados por revelar información crucial. La historia de amor de Ana y Juan se había convertido en una historia de valentía y sacrificio.

Al poner fin a décadas de incertidumbre, Martina honró la memoria de Ana y Juan al descubrir su verdad oculta. Mientras el sol se elevaba sobre el horizonte de Ibiza, Martina supo que cada huella en la arena tenía una historia que contar, y ella estaba dispuesta a escucharlas y a desentrañar los misterios que habían quedado atrás.

Footprints in the Sand

The sea breeze gently caressed the coast of Ibiza as Inspector Martina Morales walked along the beach at dawn. The golden sand glowed under the soft light of the rising sun, and Martina knew that this tranquil beauty hid stories and secrets waiting to be uncovered.

One morning, Martina found an abandoned watch on the shore. But it wasn't an ordinary watch; it had the inscription "For my eternal love" engraved on it. Martina knew that behind that watch lay a deep and touching story. She decided to investigate and find out who the owners of the watch were and what had happened.

As she followed the clues, Martina delved into the story of a love lost in time. The watch belonged to Ana and Juan, a couple who had visited Ibiza decades ago and had left their footprints on the island and in their hearts. However, they had disappeared under mysterious circumstances, and it was never known what had happened to them.

Martina immersed herself in old archives and interviewed people who had known Ana and Juan back then. Slowly, she unearthed a series of events that revealed that the couple's disappearance was related to a Cold War spy plot. Ana and Juan had been involved in secret activities that had put them in danger.

As she delved deeper into the past, Martina discovered that the shadow of secret agents continued to haunt those who had been connected to Ana and Juan. The inspector found herself in the midst of a web of conspiracies and deceit, where no one was who they seemed to be.

With determination, Martina unraveled the truth behind Ana and Juan's disappearance, revealing the espionage plot and the sacrifices they had made for a greater cause. She found evidence that proved they had been murdered for revealing crucial information. Ana and Juan's love story had turned into a tale of bravery and sacrifice.

By ending decades of uncertainty, Martina honored the memory of Ana and Juan by uncovering their hidden truth. As the sun rose over Ibiza's horizon, Martina knew that every footprint in the sand had a story to tell, and she was willing to listen and unravel the mysteries that had been left behind.

El Reflejo de la Luna

La luna llena iluminaba suavemente el puerto de Ibiza, creando destellos plateados en las aguas tranquilas. La inspectora Martina Morales paseaba por el muelle, disfrutando de la serenidad de la noche. Sin embargo, su paz se vio interrumpida por un grito desgarrador que resonó en el aire.

Martina corrió hacia el sonido y encontró a un pescador en estado de shock junto al cuerpo sin vida de su amigo, Rafael. Aparentemente, había caído al agua desde el muelle y se había ahogado. Aunque parecía un trágico accidente, Martina sospechaba que había algo más oscuro detrás de la historia.

Al examinar la escena, Martina notó algo extraño en el agua. La luna llena reflejaba destellos en la superficie, pero algo parecía moverse debajo de ella. Siguiendo su intuición, Martina se sumergió en el agua y descubrió una serie de cuerdas enredadas en las vigas del muelle. Parecían haber sido colocadas allí deliberadamente.

A medida que profundizaba en la vida de Rafael, Martina descubrió que había estado investigando un caso de pesca ilegal en aguas protegidas. Había estado recolectando pruebas para exponer a los culpables, pero sus descubrimientos habían atraído la atención de personas peligrosas que querían silenciarlo.

Siguiendo las pistas que Rafael había dejado atrás, Martina descubrió un entramado de corrupción que involucraba a pescadores, funcionarios gubernamentales y empresarios sin escrúpulos. Parecía que el caso de pesca ilegal era solo la punta del iceberg de una red mucho más grande de actividades ilícitas.

Mientras Martina luchaba por desentrañar la verdad, se encontró con amenazas constantes y situaciones peligrosas. A medida que se acercaba a la raíz de la conspiración, se dio cuenta de que su propia vida estaba en peligro. Sin embargo, su determinación y valentía no flaquearon, y siguió adelante con la investigación.

Finalmente, Martina logró reunir pruebas contundentes contra los culpables y expuso la red de corrupción que operaba en las sombras. Con la verdad revelada, los culpables fueron llevados ante la justicia y la vida de Rafael fue honrada. Mientras la luna llena brillaba en el horizonte de Ibiza, Martina Morales supo que su lucha por la verdad había arrojado luz sobre las oscuras aguas de la corrupción y había restaurado la integridad en su amado puerto.

The Moon's Reflection

The full moon gently illuminated the port of Ibiza, creating silver glimmers on the calm waters. Inspector Martina Morales strolled along the dock, enjoying the serenity of the night. However, her peace was shattered by a heart-wrenching scream that echoed in the air.

Martina rushed toward the sound and found a fisherman in a state of shock beside the lifeless body of his friend, Rafael. Apparently, he had fallen into the water from the dock and drowned. While it seemed like a tragic accident, Martina suspected that something darker lay behind the story.

As she examined the scene, Martina noticed something strange in the water. The full moon reflected glimmers on the surface, but something seemed to move beneath it. Following her intuition, Martina plunged into the water and discovered a series of ropes entangled in the beams of the dock. They seemed to have been deliberately placed there.

As she delved into Rafael's life, Martina discovered that he had been investigating a case of illegal fishing in protected waters. He had been gathering evidence to expose the culprits, but his findings had drawn the attention of dangerous people who wanted to silence him.

Following the leads Rafael had left behind, Martina uncovered a web of corruption involving fishermen, government officials, and unscrupulous businessmen. It seemed that the illegal fishing case was just the tip of the iceberg of a much larger network of illicit activities.

As Martina struggled to unravel the truth, she encountered constant threats and dangerous situations. As she neared the root of the conspiracy, she realized that her own life was in danger. However, her determination and bravery did not waver, and she pressed on with the investigation.

Finally, Martina managed to gather compelling evidence against the culprits and exposed the network of corruption operating in the shadows. With the truth revealed, the guilty were brought to justice, and Rafael's life was honored. As the full moon shone on Ibiza's horizon, Martina Morales knew that her fight for the truth had illuminated the dark waters of corruption and had restored integrity to her beloved port.

Sombras en el Acantilado

El sol comenzaba a descender en el horizonte, tiñendo el cielo de tonos dorados y anaranjados sobre los acantilados de Ibiza. La inspectora Martina Morales caminaba por el sendero que bordeaba el precipicio, disfrutando de la brisa marina y de la impresionante vista al océano. Pero su mente estaba inquieta, ya que había sido convocada a este lugar por una razón perturbadora.

Una serie de accidentes en el área habían llamado la atención de Martina. Varias personas habían sufrido caídas cerca de los acantilados en circunstancias misteriosas. Las autoridades locales creían que eran simples tropiezos, pero Martina tenía un presentimiento de que algo más oscuro estaba ocurriendo.

Al examinar la escena de uno de los accidentes recientes, Martina notó huellas de zapatos en el borde del acantilado que parecían haber sido borradas intencionalmente. Esto la llevó a sospechar que los accidentes podrían no ser tan accidentales después de todo.

A medida que profundizaba en la investigación, Martina descubrió que todas las víctimas tenían algo en común: estaban involucradas en una controvertida disputa de tierras cercanas a los acantilados. Un empresario adinerado estaba tratando de comprar esas tierras para desarrollar un lujoso complejo turístico, pero había enfrentado fuerte oposición de los habitantes locales.

Martina comenzó a sospechar que los accidentes podrían estar relacionados con una serie de intentos de intimidación para silenciar a los opositores del proyecto. A medida que seguía el rastro de las evidencias, descubrió pruebas de sabotaje y amenazas que parecían estar vinculadas al empresario.

Con su equipo y su aguda intuición, Martina se adentró en el mundo de los intereses ocultos y las rivalidades encubiertas. Siguiendo pistas que la llevaron desde reuniones secretas hasta conexiones políticas, finalmente descubrió que el empresario estaba detrás de los intentos de intimidación y sabotaje para avanzar con su proyecto turístico.

En una emocionante confrontación en los acantilados al atardecer, Martina enfrentó al empresario y reveló la verdad detrás de los accidentes. Con pruebas contundentes en la mano, obligó al culpable a confesar sus crímenes. La justicia prevaleció y los habitantes locales pudieron preservar su tierra.

Mientras el sol se sumergía en el mar, Martina Morales supo que incluso en los lugares más idílicos, las sombras del engaño y la corrupción podían ocultarse. Pero con su dedicación incansable, logró arrojar luz sobre la verdad y proteger el alma única de Ibiza.

Shadows on the Cliff

The sun was beginning to descend on the horizon, painting the sky with golden and orange hues over Ibiza's cliffs. Inspector Martina Morales walked along the trail that bordered the precipice, enjoying the sea breeze and the breathtaking ocean view. But her mind was restless, as she had been summoned to this place for a disturbing reason.

A series of accidents in the area had caught Martina's attention. Several people had suffered falls near the cliffs under mysterious circumstances. The local authorities believed they were mere stumbles, but Martina had a hunch that something darker was unfolding.

While examining the scene of one of the recent accidents, Martina noticed shoe prints on the edge of the cliff that seemed to have been intentionally erased. This led her to suspect that the accidents might not be so accidental after all.

As she delved into the investigation, Martina discovered that all the victims had something in common: they were involved in a contentious land dispute near the cliffs. A wealthy businessman was trying to purchase those lands to develop a luxurious tourist resort, but he had faced strong opposition from the local residents.

Martina began to suspect that the accidents might be related to a series of intimidation attempts to silence the opponents of the project. As she followed the trail of evidence, she uncovered signs of sabotage and threats that seemed to be linked to the businessman.

With her team and keen intuition, Martina delved into the world of hidden interests and covert rivalries. Following clues that led her from secret meetings to political connections, she ultimately discovered that the businessman was behind the intimidation attempts and sabotage in order to push forward with his tourist project.

In an exhilarating confrontation on the cliffs at sunset, Martina faced the businessman and revealed the truth behind the accidents. With compelling evidence in hand, she forced the culprit to confess to his crimes. Justice prevailed, and the local residents were able to preserve their land.

As the sun dipped into the sea, Martina Morales knew that even in the most idyllic places, shadows of deceit and corruption could lurk. But with her unwavering dedication, she managed to shed light on the truth and protect the unique soul of Ibiza.

La Sombra del Faro

El faro solitario se alzaba sobre los acantilados de Ibiza, su luz girando en círculos en la oscuridad de la noche. La inspectora Martina Morales observaba el faro desde la distancia, sintiendo una extraña inquietud que la había guiado hasta allí. El rumor de los vientos marinos y el romper de las olas llenaban el aire, pero también había un murmullo en su mente que la urgía a explorar.

Martina había recibido una carta anónima esa mañana, una carta que mencionaba secretos oscuros relacionados con el faro. Con el corazón lleno de intriga, había llegado al lugar para descubrir la verdad detrás de esas palabras. Sabía que esta investigación la llevaría por caminos peligrosos y desconocidos, pero su determinación era inquebrantable.

Mientras exploraba los alrededores del faro, Martina descubrió una puerta oculta en la base de la torre. Siguiendo su instinto, abrió la puerta y se adentró en un túnel subterráneo. La luz de su linterna reveló un camino estrecho que se adentraba en las profundidades de la tierra. Con cada paso, la oscuridad se volvía más densa y opresiva.

Finalmente, el túnel la llevó a una cámara secreta. En el centro de la sala yacía un antiguo libro encuadernado en cuero, rodeado de velas encendidas. Martina abrió el libro con manos temblorosas y comenzó a leer las páginas amarillentas. Las palabras narraban una historia de traición y venganza, una historia que involucraba a una familia de pescadores que habían sido engañados y perseguidos hasta su trágico final.

Martina sintió que la historia del libro estaba conectada con el presente de alguna manera, y continuó investigando. Descubrió que la familia de pescadores había sido despojada de sus tierras y había sufrido injusticias a manos de personas poderosas que buscaban apropiarse de sus recursos. Los secretos enterrados en el faro habían sido testigos silenciosos de los horrores del pasado.

A medida que Martina desentrañaba los hilos del pasado, se encontró enfrentando a figuras oscuras que harían cualquier cosa para proteger los secretos del faro. Pero su valentía y habilidad para descifrar los misterios la llevaron a descubrir una trama de corrupción y venganza que se extendía a lo largo de generaciones.

En una emocionante confrontación en la cima del faro, Martina enfrentó a los culpables y reveló la verdad oculta durante tanto tiempo. La justicia finalmente prevaleció y los secretos del faro se revelaron al mundo. Mientras el sol comenzaba a iluminar el horizonte, Martina supo que incluso en la oscuridad más profunda, la verdad podía brillar, y ella era la antorcha que iluminaba el camino.

The Shadow of the Lighthouse

The solitary lighthouse stood tall over the cliffs of Ibiza, its light sweeping in circles in the darkness of the night. Inspector Martina Morales observed the lighthouse from a distance, feeling an odd restlessness that had guided her there. The whispers of the sea winds and the crashing of waves filled the air, but there was also a murmur in her mind urging her to explore.

Martina had received an anonymous letter that morning, a letter that mentioned dark secrets related to the lighthouse. Filled with intrigue, she had arrived at the location to uncover the truth behind those words. She knew that this investigation would lead her down dangerous and uncharted paths, but her determination was unyielding.

While exploring the surroundings of the lighthouse, Martina discovered a hidden door at the base of the tower. Following her instinct, she opened the door and ventured into an underground tunnel. The light from her flashlight revealed a narrow path that delved into the depths of the earth. With each step, the darkness grew denser and more oppressive.

Eventually, the tunnel led her to a secret chamber. At the center of the room lay an ancient leather-bound book, surrounded by lit candles. Martina opened the book with trembling hands and began to read the yellowed pages. The words narrated a tale of betrayal and revenge, a story involving a family of fishermen who had been deceived and pursued to their tragic end.

Martina felt that the story in the book was somehow connected to the present, and she continued her investigation. She discovered that the family of fishermen had been stripped of their lands and had suffered injustices at the hands of powerful individuals seeking to seize their resources. The secrets buried within the lighthouse had been silent witnesses to the horrors of the past.

As Martina unraveled the threads of the past, she found herself facing shadowy figures who would do anything to protect the lighthouse's secrets. But her courage and skill in deciphering mysteries led her to uncover a web of corruption and vengeance spanning generations.

In an exhilarating confrontation at the pinnacle of the lighthouse, Martina confronted the culprits and unveiled the long-hidden truth. Justice finally prevailed, and the lighthouse's secrets were revealed to the world. As the sun began to illuminate the horizon, Martina knew that even in the deepest darkness, truth could shine, and she was the torch that illuminated the path.

El Enigma del Collar de Coral

El agua cristalina de la bahía de Ibiza susurraba secretos antiguos mientras la inspectora Martina Morales paseaba por la playa al atardecer. Su mente se encontraba en un estado de calma y expectación, ya que había sido convocada por una carta enigmática que prometía revelar un misterio oculto en las profundidades del océano.

La carta hablaba de un legendario collar de coral que supuestamente había sido parte de una antigua ofrenda a los dioses marinos. Martina sabía que los mitos y leyendas de la isla a menudo contenían un rastro de verdad, y su instinto la guió hacia una búsqueda que la llevaría a explorar las maravillas del mar.

Equipada con su equipo de buceo y su determinación inquebrantable, Martina se sumergió en las aguas azules. A medida que descendía hacia el fondo del océano, se encontró con un mundo submarino lleno de vida y color. Pero también había oscuridad y misterio en las profundidades, y Martina sentía que estaba acercándose al corazón de un enigma antiguo.

Después de horas de búsqueda, Martina descubrió una cueva submarina adornada con corales y conchas. En el interior, encontró una urna antigua que parecía contener algo valioso. Con cuidado, la llevó a la superficie y la abrió, revelando el tan esperado collar de coral. Sus colores brillantes parecían destellos de los rayos del sol filtrándose a través del agua.

A medida que Martina investigaba la procedencia y el significado del collar, se encontró con relatos de marineros antiguos y leyendas transmitidas de generación en generación. Se dio cuenta de que el collar tenía un poder más allá de su belleza física, y estaba relacionado con la protección de los mares y la preservación de la vida marina.

Sin embargo, no todos estaban contentos con su búsqueda. Martina se encontró enfrentando a aquellos que deseaban mantener el poder del collar en secreto y que estaban dispuestos a cualquier cosa para evitar que su significado se revelara. La lucha por la verdad la llevó a una carrera contra el tiempo y a enfrentar peligros inesperados.

En una emocionante confrontación en un barco naufragado cerca de la costa, Martina enfrentó a los enemigos y defendió el derecho de todos a conocer la historia del collar de coral. Finalmente, con la ayuda de aliados inesperados, logró revelar la verdad y proteger el tesoro submarino.

Mientras el sol se ponía en el horizonte de Ibiza, Martina Morales sabía que el misterio del collar de coral era solo uno de los muchos secretos que el océano guardaba celosamente, y estaba lista para enfrentar cualquier desafío en su búsqueda de la verdad.

The Enigma of the Coral Necklace

The crystalline water of Ibiza's bay whispered ancient secrets as Inspector Martina Morales strolled along the beach at sunset. Her mind was in a state of calm and anticipation, as she had been summoned by an enigmatic letter promising to reveal a mystery hidden in the depths of the ocean.

The letter spoke of a legendary coral necklace that had supposedly been part of an ancient offering to the sea gods. Martina knew that the myths and legends of the island often held a trace of truth, and her instinct guided her towards a quest that would take her to explore the wonders of the sea.

Equipped with her diving gear and unyielding determination, Martina plunged into the blue waters. As she descended towards the ocean floor, she encountered an underwater world teeming with life and color. But there was also darkness and mystery in the depths, and Martina felt that she was getting closer to the heart of an ancient enigma.

After hours of searching, Martina discovered an underwater cave adorned with corals and shells. Inside, she found an ancient urn that seemed to contain something valuable. Carefully, she brought it to the surface and opened it, revealing the long-awaited coral necklace. Its vibrant colors seemed to sparkle like rays of sunlight filtering through the water.

As Martina investigated the origin and meaning of the necklace, she came across accounts from ancient sailors and legends passed down through generations. She realized that the necklace held a power beyond its physical beauty, and it was connected to the protection of the seas and the preservation of marine life.

However, not everyone was pleased with her quest. Martina found herself facing those who wished to keep the power of the necklace a secret and who were willing to do anything to prevent its meaning from being revealed. The struggle for the truth led her into a race against time and unexpected dangers.

In a thrilling confrontation on a sunken ship near the coast, Martina faced her enemies and defended everyone's right to know the story of the coral necklace. Ultimately, with the help of unexpected allies, she managed to unveil the truth and protect the underwater treasure.

As the sun set on the horizon of Ibiza, Martina Morales knew that the mystery of the coral necklace was just one of the many secrets the ocean guarded jealously, and she was prepared to face any challenge in her quest for the truth.

El Enigma de la Noche de los Tambores

Los tambores resonaban en la noche de Ibiza, creando un ritmo hipnótico que envolvía la isla en misterio. La inspectora Martina Morales caminaba por las calles adoquinadas, siguiendo el llamado de los tambores que la conducían hacia una celebración ancestral conocida como "La Noche de los Tambores". Sin embargo, Martina sabía que detrás de la festividad podía esconderse un oscuro enigma.

La gente se congregaba en la plaza principal, vestida con túnicas blancas y rojas, moviéndose al ritmo de los tambores con pasión y devoción. Pero entre la multitud, Martina detectó algo inusual: la expresión de miedo en los ojos de algunos, la tensión en el aire que no correspondía con la celebración.

Martina comenzó a investigar discretamente, hablando con los lugareños y recolectando pistas. Descubrió que varios objetos valiosos habían desaparecido en los días previos a la celebración, incluyendo joyas y reliquias antiguas. Además, había rumores persistentes de que algo siniestro acechaba en las sombras de la noche de los tambores.

Mientras profundizaba en su investigación, Martina conoció a un anciano pescador que afirmaba haber visto figuras sombrías rondando por la periferia de la celebración. El pescador habló de una antigua leyenda que hablaba de espíritus vengativos que se despiertan durante la Noche de los Tambores para reclamar lo que les pertenece.

Martina comenzó a sospechar que los objetos robados podrían estar relacionados con la leyenda. Se sumergió en archivos antiguos y descubrió que había habido robos similares en años anteriores, todos ocurriendo cerca de la misma celebración. La inspectora creía que alguien estaba aprovechando la festividad para cometer crímenes encubiertos.

La noche de la celebración llegó y los tambores resonaron más fuerte que nunca. Martina se mezcló con la multitud, atenta a cualquier signo de actividad sospechosa. Pero fue en medio de la danza y el sonido atronador de los tambores que vio a las figuras sombrías deslizándose por las sombras.

Siguiendo a las figuras, Martina se adentró en un laberinto de callejones oscuros. Finalmente, llegó a una antigua iglesia abandonada donde descubrió a un grupo de individuos dedicados a saquear los objetos robados. Entre ellos se encontraba un líder carismático que se hacía pasar por un chamán de la festividad.

En una confrontación llena de tensión, Martina reveló la verdadera identidad del líder y desenmascaró su plan para aprovechar la celebración en beneficio propio. Con la ayuda de la comunidad, logró detener a los ladrones y recuperar los objetos robados.

Mientras los tambores seguían sonando en la noche, Martina supo que había desentrañado el enigma detrás de la Noche de los

Tambores. La isla volvió a sumirse en la celebración, esta vez libre de la sombra de la traición y el engaño.

The Enigma of the Night of Drums

The drums resonated through the night in Ibiza, creating a hypnotic rhythm that enveloped the island in mystery. Inspector Martina Morales walked along the cobblestone streets, following the call of the drums that led her to an ancient celebration known as "The Night of Drums." However, Martina knew that behind the festivity, a dark enigma could be hidden.

People gathered in the main square, dressed in white and red robes, moving to the rhythm of the drums with passion and devotion. But among the crowd, Martina detected something unusual: the expression of fear in some eyes, the tension in the air that didn't correspond to the celebration.

Martina began discreetly investigating, talking to locals and collecting clues. She discovered that several valuable objects had disappeared in the days leading up to the celebration, including jewelry and ancient relics. Additionally, persistent rumors circulated that something sinister lurked in the shadows of the Night of Drums.

As she delved into her investigation, Martina met an elderly fisherman who claimed to have seen shadowy figures lurking on the periphery of the celebration. The fisherman spoke of an ancient legend that spoke of vengeful spirits awakening during the Night of Drums to reclaim what is rightfully theirs.

Martina began to suspect that the stolen objects might be related to the legend. She delved into ancient records and discovered that similar thefts had occurred in previous years, all happening around the same celebration. The inspector believed that someone was taking advantage of the festivity to commit covert crimes.

The night of the celebration arrived, and the drums resounded louder than ever. Martina mingled with the crowd, attentive to any signs of suspicious activity. But it was amidst the dance and the thunderous sound of the drums that she saw the shadowy figures gliding through the darkness.

Following the figures, Martina ventured into a labyrinth of dark alleyways. Finally, she reached an ancient abandoned church where she discovered a group of individuals dedicated to looting the stolen objects. Among them was a charismatic leader posing as a shaman of the festivity.

In a tension-filled confrontation, Martina unveiled the leader's true identity and exposed his plan to exploit the celebration for personal gain. With the help of the community, she managed to apprehend the thieves and recover the stolen objects.

As the drums continued to echo in the night, Martina knew she had unraveled the enigma behind the Night of Drums. The island plunged back into the celebration, this time free from the shadow of betrayal and deceit.

www.ingramcontent.com/pod-product-compliance
Lightning Source LLC
Chambersburg PA
CBHW060219170726
48004CB00014B/799